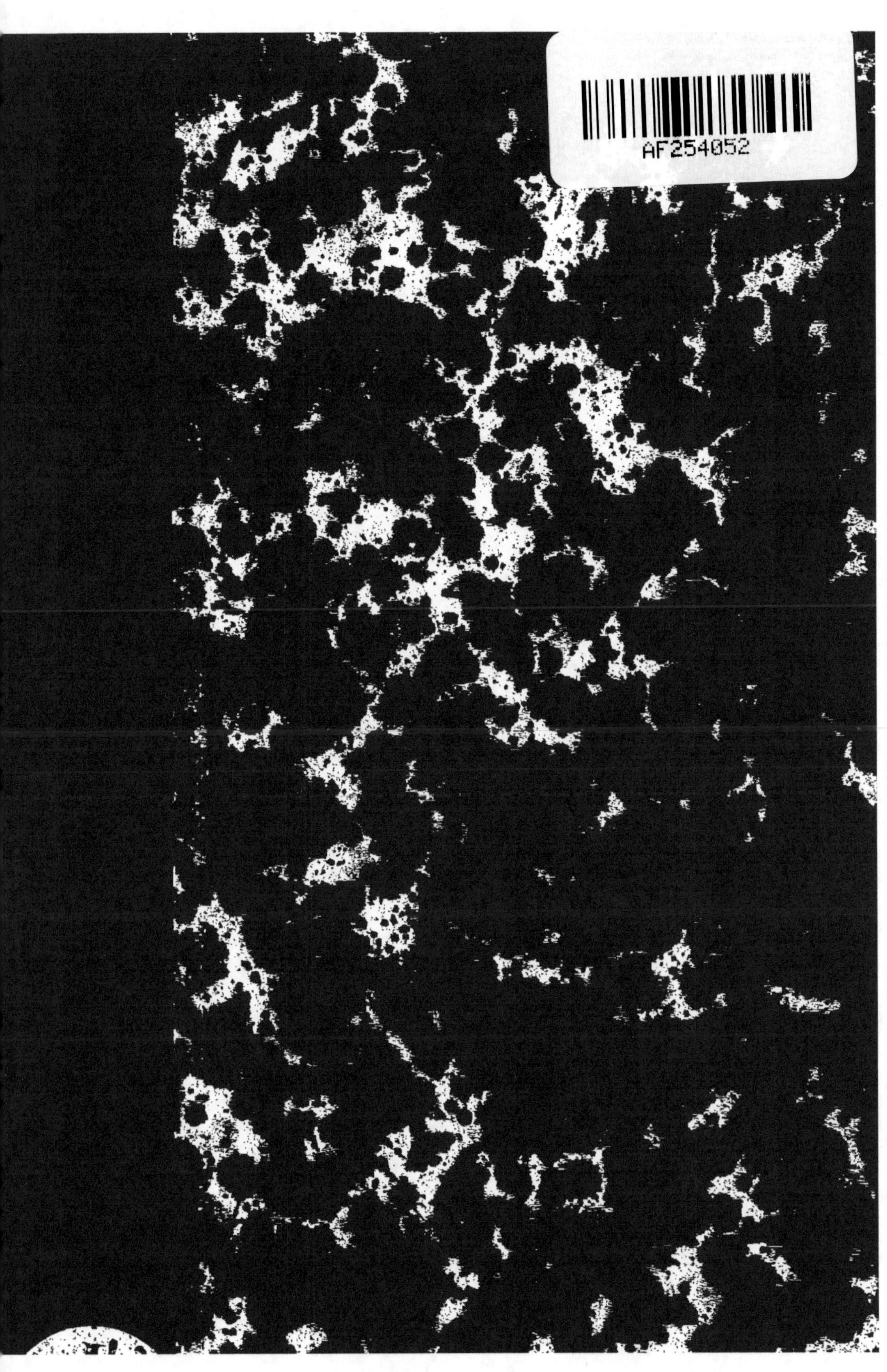

AF254052

MÉMOIRE

SUR LA TRANSLATION

DE

NAPOLÉON BONAPARTE,

A L'ISLE SAINTE-HÉLÈNE.

MÉMOIRE

SUR LA TRANSLATION

DE

NAPOLÉON BONAPARTE,

A L'ISLE SAINTE-HÉLÈNE,

ADRESSÉ

AU CONGRÈS DES ROIS DE L'EUROPE

ET AUX DÉPUTÉS DE LA NATION FRANÇAISE;

PAR M. MOUSSARD.

* * *

PARIS,

DE L'IMPRIMERIE DE C.-F. PATRIS,

RUE DE LA COLOMBE, N° 4, DANS LA CITÉ.

* * *

Septembre 1815.

l'univers n'aurait pu contenir l'ambition, aller se confiner sur son nouveau rocher moins dur, sans doute, que son cœur, et où l'ont accompagné nos haines, nos malédictions, les Bertrand, les Savari, les Lallemand ; mais à l'occasion de cet évènement imprévu dans la péripétie de ce grand drame, tout en respectant les motifs secrets qui ont déterminé les Puissances alliées à commuer la peine d'un criminel pour qui la mort est trop douce, et à éprouver quelque pitié pour celui qui n'en éprouva pour personne, qu'il me soit permis de faire connaître les craintes, les vœux et les dangers communs.

Je ne rappèlerai point ici que l'honneur des illustres souverains est attaché au maintien de l'arrêt qui place hors la loi des nations, le parjure qui a brisé son ban ; que la parole des Rois est sacrée, que rien ne peut ni la changer, ni l'altérer ; qu'on ne saurait porter la moindre atteinte à ce principe, que toutes les têtes couronnées ont religieusement observé, et transmis intact à la croyance des peuples, sans diminuer en quelque sorte, pour leur personne, le respect qui est le palladium des trônes. Je dirai seulement que l'existence d'un seul homme compromet et menace la sûreté de toute l'Europe. Et d'abord, en France, elle entretient les espérances criminelles de son parti, qui fixe déjà l'époque où ce chef de rebelles pourra revenir; et elle comprime l'élan d'une foule de personnes craintives à qui on aura bien de la peine à persuader que la surveillance la plus sévère exercée par les puissances alliées sur la personne du Corse, les communications de son île interdites au reste des humains, sont des garants qui doivent calmer leur esprit, et qui leur permettent d'aimer en toute sûreté le Roi, sans crainte d'être punies de leur amour. Ces personnes vous répondront d'abord avec Bonaparte, que les morts seuls ne reviènent pas, et avec bien d'autres que l'on peut sortir d'un endroit où l'on a pu entrer, et que ce ne serait pas le premier prisonnier de l'île Sainte-Hélène qui fournirait la preuve de cette assertion ; que rien ne peut résister à la ruse et à la corruption ; moyens si familiers au Corse, et toujours triomphants chez lui ; que partout où il y a des corrupteurs, on trouve des gens corruptibles, et que des gardiens renfermés dans une même prison, après avoir regardé leur prisonnier comme un fameux brigand, finissent par ne plus voir en lui qu'une illustre victime. La France, sans doute, instruite par le malheur, éclairée par l'expérience, saura prévenir le danger : elle s'occupera d'abattre ou d'enchaîner les complices du Corse, bien persuadée qu'un chef n'est rien quand son parti est anéanti ; mais le poison révolutionnaire a été inoculé à tous les peuples qui ont eu le malheur de communiquer avec lui. Le virus existe tout entier dans la foule de ces plébéïens ennemis de l'ordre, disposés à tout, excepté au bien, et

dont tous les pays malheureusement abon-
dent.

Si dans la France régénérée, le chef des
brigands ne trouve plus de route pour y
arriver, qui peut vous assurer, vous illustre
empereur de Germanie, que ce fugitif
éternel ne reparaîtra pas quelque jour,
au milieu de ces perturbateurs décorés
du nom d'indépendants, sur la côte de la
péninsule que vous avez enlevée à l'usur-
pateur Murat, et dont les farouches soldats
ont été dispersés à l'aspect de vos pha-
langes guerrières, comme les grains de
sable devant le fougueux Aquilon... Et vous,
digne descendant du grand Frédéric, mal-
gré le courage héréditaire à votre race,
ce courage qui vous a replacé parmi les
nations belliqueuses, au haut rang d'où
la trahison seule avait pu vous faire des-
cendre ; qui peut vous assurer que vous
ne serez pas forcé de marcher une seconde
fois contre le même brigand accouru auprès de ces Saxons, de ces Belges et de ces

autres peuples du Nord, qui, à sa voix, avaient secoué le joug de l'obéissance ? Et vous, qui avez conquis le nom de grand par vos exploits et vos bienfaits, et dont les bontés seules égalent la magnanimité, grand Alexandre ! chéri et adoré de vos peuples comme vous devez l'être, qui osera vous garantir une obéissance pareille de la part de ces Polonais, qui ont montré tant d'opiniâtreté, ont souffert tant de privations, ont versé tant de sang pour reconquérir la liberté que leur avait promise le faiseur de révolutions ? qui osera, dis-je, vous garantir qu'il ne se glissera pas quelque jour dans leurs rangs, et que l'île de Sainte-Hélène ne deviendra pas une autre île d'Elbe pour vos nouveaux sujets ? Qui pourra vous assurer enfin, à tous, que les flots de la mer ne le transporteront pas dans cette partie du nouveau monde, où le drapeau de la rébellion flotte encore, où ses apôtres prêchent encore sa doctrine dévastatrice, où la terre de feu qui nourrit les noirs habitants, semble avoir disposé plus particulièrement les esprits à recevoir le génie du mal; et ses aigles voraces prenant bientôt leur vol, viendront s'abattre encore sur leurs anciens cadavres. L'arbre de la révolution n'aura été que transplanté dans un autre climat, et les peuples de l'ancien et du nouveau monde en dévoreront les fruits amers.

Tous les artisans de troubles et de discorde sont vaincus, ainsi que leur chef, mais non pas soumis; ils sont comprimés et non changés, et il faudra plusieurs générations avant d'arriver à cet heureux résultat. Ils ont déjà secoué le joug de l'obéissance, ils doivent faire naître de justes alarmes. La prévoyance écarta souvent des malheurs, et celui qui s'endort sur un volcan, peut se réveiller au milieu de l'éruption. Ah! si les laves révolutionnaires venaient encore à éclater, si cette peste venait encore à se manifester sur quelque coin de l'Europe, et à gagner les peuples à peine convalescents, quels regrets amers pour vous, illustres insulaires, vous qui vous êtes placés au premier rang, parmi les nations de l'Europe, par votre génie, votre courage et par l'éclat de vos richesses, si vous entendiez dire : Ce fléau n'eût point accablé de nouveau les nations, si les maîtres de l'océan, armés pour détruire l'ennemi commun, n'en étaient pas devenus les protecteurs ; si leurs vaisseaux placés en observation pour empêcher sa fuite, ne lui avaient ouvert un passage et offert un asile, quand il était poursuivi et sur le point d'être atteint par les Français ! Quels regrets amers, si cette considération pouvait nuire à la bonne intelligence établie entre deux nations, jadis rivales, aujourd'hui amies, et qui, faites pour s'estimer réciproquement, n'avaient besoin que de se voir de près pour former des liens indissolubles ! Au nom de l'admiration que vous inspirez, faites que votre gloire reste inaltérable, et qu'aucune tache n'en souille la pureté.

Si pourtant vous pouviez exposer à l'existence d'un seul homme ; vous, votre gloire
immortelle ; vous autres la tranquillité de
vos peuples, la sûreté de vos personnes,
la stabilité de vos trônes ; si vous pouviez
faire penser que le bonheur de la France
vous touchait peu dans le grand armement
de l'Europe, et que vingt-cinq millions
d'hommes sont soumis aux plus grands sacrifices sans en retirer le fruit desiré : dai-
gnez vous rappeler que Bonaparte est un
sujet du Roi de France ; que dès qu'il eut
mis le pied sur le sol d'où il avait été pros-
crit, et bien avant que le congrès fût ins-
truit de sa fuite, le Roi l'avait déclaré hors
la loi comme un sujet rebelle, et avait or-
donné de courir-sus ; que sa tête même
avait été mise à prix par plusieurs villes
du Royaume ; qu'ainsi le bourreau de la
France n'est justiciable que de la nation
qu'il a opprimée, et que le théâtre de ses
crimes doit être celui de son supplice ; que
ce principe n'est que l'application du droit

des gens , d'après lequel il n'est permis à
aucun peuple de recéler un prisonnier
d'état , un criminel de lèse-majesté ; que
la Suisse , en refusant un asile aux complices du chef privilégié de la trahison , a
donné un grand exemple de son respect à
s'y conformer ; que la politique qui pourrait violer ce droit serait effrayante , puisqu'elle encouragerait le plus grand des attentats connus chez les peuples civilisés ,
en offrant l'impunité et un sol hospitalier à
celui qui s'en serait rendu coupable ; que
si cette décision , à l'égard de Bonaparte ,
émane de l'autorité réunie du congrès ,
elle ne peut-être que momentanée et pro-
visoire , parce que le congrès des Rois re-
présentant le corps de leur nation , dont ils
assurent les intérêts respectifs , n'aurait
point prononcé en dernier ressort d'une
manière contradictoire au code de ces
mêmes nations. Qu'enfin , si cet arrêt était
irrévocable , ce qu'on ne saurait présumer ,
il serait injuste ou tout au moins dérisoire ,

d'exiger de la part des Français une garantie contre toute révolution ultérieure , puisqu'on refuserait de leur livrer le chef qui peut seul la ressusciter ou la reproduire , et qu'ils ne sauraient garantir sans témérité les autres d'un fléau dont ils auraient bien de la peine à se garantir eux-mêmes.

Telles sont , illustres potentats de l'Europe , les réflexions et les vérités qu'il est permis de faire entendre à votre auguste tribunal , avec cette franchise que votre magnanimité et votre amour pour le bien peuvent seuls inspirer , et parce qu'on est persuadé qu'il suffit de vous signaler un abus , de vous indiquer un danger , une crainte, pour avoir le doux pressentiment que vous y apporterez quelque douceur, quelque remède ; mais c'est à vous surtout, nobles représentants de la nation française , vous que nos vœux appèlent depuis si long-temps , vous en qui reposent les hautes destinées de la patrie comme les intérêts et les espérances de chaque citoyen, c'est à vous de prendre l'initiative dans cette importante cause , de réclamer le grand coupable et le livrer au gibet qui l'attend. Cet acte de justice est une réparation solennelle que vous devez au repos et à l'exemple du monde. Vous la devez à la morale publique, que l'infâme à outragée pendant si long-temps et peut-être perdue pour toujours ; à la religion et à ses ministres , qu'il n'a cessé de profaner et d'avilir, en les faisant tour-à-tour servir à ses projets impies ; vous la devez à quatre millions d'hommes égorgés par ses ordres , au milieu desquels paraît ce jeune, cet intéressant prince , jadis l'orgueil et l'espoir national, aujourd'hui encore l'objet de nos regrets , et qu'il a assassiné lui-même de la manière la plus atroce : effet naturel de sa basse jalousie contre les êtres supérieurs et privilégiés. Le sang de ces innocentes victimes crie vengeance , et leurs mânes ne sont pas encore appaisés !

Vous devez une réparation non moins

éclatante aux héritiers de Henri IV, et à ce Monarque chéri, qui, après avoir consommé le sacrifice de notre réconciliation, lorsque ses mains royales cicatrisaient nos plaies profondes, lorsque du pied de son trône jaillissait une source féconde dont les eaux faisaient déjà prospérer la fortune publique, n'a trouvé pour récompense de tant d'amour, de tant de bienfaisance, que l'ingratitude et la perfidie. Le trône a vu s'élever jusqu'à lui la trahison infâme. De nouveaux Iscariotes ont vendu le meilleur des maîtres au prix de l'or et des dignités; et le baiser perfide est devenu encore un signe de convention, pour le livrer à ses ennemis; et ce Roi pieux, digne en tout de son divin modèle, ne peut contraindre son cœur à la haine, ni sa bouche aux reproches; il ne sait qu'aimer, et dans chacun des coupables il ne peut s'empêcher de voir un de ses enfants. Mais vainement le pardon est sur ses lèvres; ses offenses sont celles de la nation entière. Saisissez le glaive mal affermi dans ses mains , et plus il s'est montré sensible et généreux, plus vous devez être sévères et inexorables ; hâtez surtout votre marche ; la plaie a resté trop long-temps à découvert et sans appareil , et la lenteur dans cette sorte d'opération, est d'autant plus désespérante qu'elle ressemble trop à l'impunité.

Mais quand le trône aura recouvré son éclat et sa dignité , quand les offenses du monarque auront été effacées par le châtiment des coupables, gardez-vous de remettre le glaive dans le fourreau ; il reste encore d'autres forfaits, d'autres attentats à poursuivre ; l'arche sainte a été renversée et les tables de la loi foulées aux pieds. Les sacrilèges satellites du tyran y ont substitué tour-à-tour leur volonté sanguinaire , leur haine, leur caprice. Les prisons se sont ouvertes et les sujets fidèles à leur Roi ont éprouvé des persécutions atroces, ou sont tombés sous le plomb meurtrier. Le règne de la justice a reparu enfin, et les cou-

pables lèvent encore leur tête audacieuse!
L'astre bienfaisant a lui sur l'horizon et les
orages ne sont pas entièrement dissipés! les
habits de deuil attristent l'éclat des lys, et
les plaintes de la douleur se mêlent aux cris
de l'allégresse. Ah! de tous les maux qui ac-
cablent le peuple, il n'en est pas de plus cui-
sants pour lui, de plus insupportables, que
l'aspect des oppresseurs de l'innocence, qui
viènent aujourd'hui se placer dans les rangs
des honnêtes citoyens, parce qu'ils ont adop-
té des couleurs chéries dont ils n'avaient pu
ternir l'éclat; il n'en est pas de plus insupor-
table que le scandale de ces proconsuls inso-
lents, qui s'estiment les sujets les plus fidèles
de la couronne, parce qu'ils ont fait au Roi
une soumission qu'ils ne pouvaient plus dif-
férer sans danger pour eux; et tous ces mo-
dernes Sylla s'imaginent, parce qu'ils ont
déposé leur pouvoir dictatorial, qu'on doit
déposer pareillement le souvenir de leurs
proscriptions; mais l'indignation du peuple
est à son comble, lorsqu'il voit les fron-

tières s'ouvrir devant ces brigands décorés du nom de princes, devant ces brocanteurs de royautés et de couronnes, dont les uns, à la faveur des sauf-conduits qui les protègent, et loin du sol qu'ils ont dévasté et livré sans défense, vont cacher leur honte et leur épouvante, et dissiper avec prodigalité l'argent de nos caisses qu'ils ont vidées; dont les autres, plus confiants par l'habitude de l'impunité, sont retournés paisiblement dans leurs somptueux palais, où, au milieu de leurs courtisanes et de leurs mignons, ils se livrent à des orgies que le feu du ciel devrait encore punir, et se jouent de l'existence de mille citoyens vertueux qu'ils forcent de mourir de douleur et de misère. Tel est le tableau qui journellement afflige les yeux.

C'était pourtant pour obtenir la réparation de tant d'outrages, de tant de coupables excès, que le peuple s'est soumis à des engagements au-dessus de ses forces et de sa volonté; qu'il a ouvert son pays à l'invasion;

qu'il a souffert que la terre vierge fût foulée par le soldat étranger ; qu'il a courbé lui-même sous le joug son front couvert de lauriers ; que le fils aîné de la victoire a payé le tribut du faible. Cependant le fruit de tant de courageux sacrifices semble perdu pour lui, et il se trouve plongé dans un abîme de calamités, dont il n'entrevoit ni la profondeur ni l'issue. O vous, dépositaires de ses sentiments, devenez-en aussi les organes, les interprètes. Jamais le Français n'a eu plus de droit à l'intérêt et à l'estime ; rien n'a pu lui enlever la dignité dans le malheur, la fierté dans l'abaissement, l'intrépidité dans le danger, et surtout ce calme inaltérable qui tient à la conscience de sa force. Demandez, en son nom, auprès de ses puissants libérateurs, l'effet de leur noble promesse, et tout ce qu'il a lieu d'attendre de leur bienveillance, de leur patronage illustre. Faites-lui rendre, parmi les nations de l'Europe, sa considération, sa splendeur et son rang politique, qu'il n'a

jamais dû perdre : en passant par le creu-
set du malheur, par les longues épreuves
de sa révolution, il n'en est sorti que plus
grand, que plus pur. Les différentes nations
réunies aujourd'hui dans son sein, ont éprouvé comme lui les coups de la fortune et tous
les maux de l'invasion ; leurs souvenirs douloureux les auront disposées à la pitié, et la
pitié fut toujours généreuse. Ah ! sans doute
les Rois qu'une sainte croisade a réunis pour
le bonheur de l'humanité, sont jaloux d'em-
porter notre admiration, nos regrets, notre
reconnaissance, et leurs noms désormais
viendront se mêler à celui du Monarque
chéri qui est pour nous le premier et le plus
grand de leurs bienfaits.

Mais après avoir fondé l'œuvre du bonheur commun, en resserrant les liens d'a-
mitié entre la France et l'Europe ; venez
renverser au-dedans l'œuvre d'iniquité,
que des restes de factieux soutiènent par
le mensonge et par la rébellion ; dissipez
ces agents de troubles et de discorde, qui

empêchent l'union et la tranquillité de s'é-
tablir ; qui fomentent des séditions parce
qu'elles sont nécessaires à leur existence ;
qui se réjouissent des maux de la patrie
parce que sa félicité serait un supplice pour
eux ; qui retardent enfin le dénouement de
la révolution , parce que leur rôle serait
fini et qu'ils seraient forcés de rentrer dans
leur poussière et leur nullité !.... Mais comment punir ces agents du crime , ces cons-
pirateurs subalternes , si le chef de la trahison échappe à son supplice , si les Rois
qu'il créa de sa main, les Rois de son odieux
sang , qui ont souillé les trônes , autant par
la bassesse de leurs sentiments que par la
bassesse de leur personne , restent également impunis ! Comment ramener tous les
esprits à une seule opinion , tous les cœurs
à un seul penchant , l'amour du Roi et de
la patrie , si celui qui entretient les espérances criminelles et la haine contre l'illustre famille qui nous gouverne, conserve
toujours une vie odieuse ! et si , du haut de

son rocher, on semble le montrer comme un épouvantail, comme un ogre dont le nom sert à effrayer les esprits timides et pusillanimes!

Le terme absolu de toutes les divisions intestines, de toutes les discordes civiles, le salut constant de l'État, un bonheur sans mélange, un horizon toujours pur, et la certitude que la paix achetée au prix de tant de sacrifices ne sera plus désormais troublée, tient donc à l'existence d'un seul homme ! Et cet homme est la cause de tous les malheurs présents, de tous les malheurs passés, et fait craindre tous les malheurs à venir, et son existence est un objet d'affliction pour la vertu, de terreur pour les gens paisibles, de ralliement pour les agitateurs, de scandale pour la morale publique et pour la religion, d'obstacle au rapprochement et à l'union totale des citoyens, source féconde de tous les biens, enfin un sujet d'alarmes pour l'Europe et le monde entier, dont les institutions et la tranquillité sont également menacées. Et cet homme appartient à la France ; il n'est justiciable que d'elle seule, il ne peut comparaître que devant son tribunal formidable ; aucune puissance ne peut le lui ravir ni se l'approprier, sans violer les lois de la justice, sans manquer aux droits sacrés des gens, sans compromettre son honneur, sa loyauté, puisque c'est à l'homme seul qu'elles ont conjointement déclaré la guerre, et une guerre à mort. Qui pourrait donc empêcher la France de revendiquer un droit imprescriptible ? Et vous, ses représentants fidèles, d'après les vœux unanimes des assemblées électorales quit outes demandent, par votre organe, que les cruels auteurs de nos maux soient punis, que la justice publique soit pleinement satisfaite, pourriez-vous garder le silence sur le grand coupable qui a commis ou fait commettre tous les excès que vous punirez dans ses agents ? Pourriez-vous tirer sur lui le voile de l'oubli et le dérober aux regards de Thémis alarmée, quand vous allez attacher ses complices au poteau de l'infamie ? Pourriez-vous, par une faiblesse, une imprévoyance impardonnables, exposer encore votre pays à voir se renouveler les époques désastreuses d'un bouleversement universel, en laissant subsister dans son sein, le ferment, le levain, le dépôt de corruption qui peut les reproduire ?

La France, hélas ! a éprouvé assez de déchirements, assez de convulsions, assez de pertes et de revers, pour respirer pendant quelques instants : elle tombe de fatigues, d'épuisement, de lassitude ; elle a besoin du repos. Elle vous le demande avec larmes et dans une posture suppliante : qu'il lui soit permis de mettre un appareil sur ses blessures, de jeter quelques fleurs sur la tombe de ses amis, de donner quelque épanchement à ses douleurs. Semblables à ces malheureux naufragés qui ont atteint le rivage, à la faveur d'une planche salutaire, seul bien qu'ils ayent arraché aux flots mutinés, les Français se hâtent ainsi de regagner la maison, la chaumière, le dernier asile que la tourmente révolutionnaire a épargnés. Quoique dénués de tout, ils s'estimeront heureux, pourvu qu'ils n'ayent plus à redouter l'élément perfide, pourvu que les gouffres, les abîmes se ferment pour toujours. Leurs cœurs, sans doute, s'ouvriront à toute sorte de sensations pénibles; mais si ses souvenirs sont douloureux, ses espérances seront grandes. Ils oublieront tout ce qu'ils ont perdu, en pensant à tout ce qui leur reste. Le malheureux citadin oubliera au milieu de ses travaux journaliers, les compagnons chéris qui les partageaient avec lui, et qui souvent en allégeaient le fardeau par un sourire, par une caresse, quand il pensera qu'un ennemi ne menace plus sa vie, ne paralyse plus son industrie; et si le soir il ne retrouve plus le bonheur sur sa couche solitaire, du moins la crainte du lendemain ne viendra point troubler son sommeil...... L'habitant des campagnes, épuisé comme le sol qui le nourrissait, en revenant dès l'aurore, visiter cette terre qui a été transformée en champ de bataille, quand le soc de la charrue lui découvrira des éclats de casques, de lances et des ossements humains, ne pourra s'empêcher de maudire les horreurs de la guerre ; mais il se consolera pareillement, en songeant que le fruit de ses travaux n'appartiendra plus désormais à des mains étrangères ou spoliatrices ; et si le soir, de retour dans sa chaumière, quelques plaintes font retentir ses murs nus et dépouillés, elles seront bientôt appaisées, lorsqu'au milieu de ses pénates, dont l'argile n'a point tenté la cupidité, il apercevra le buste de son Roi, de son père, de son consolateur. Mais en pensant au dieu tutélaire qui s'occupe de réparer des maux qu'il n'a point faits, pourra-t-il ne pas penser à celui qui en est l'auteur, et qui jouit de l'impunité de ses crimes ? Ainsi donc l'existence de ce misérable, vient empoisonner jusqu'au charme de la douleur !

Ah! quel sera donc l'orateur, l'ardent ami du peuple, qui arrachera de nos cœurs cette racine amère, qui répandrait son amertume sur toutes nos sensations, sur toutes nos jouissances ? Quel sera donc l'intrépide défenseur de la justice qui s'efforcera de convaincre ses illustres collègues de la nécessité de purger la terre du monstre qui l'a si long-temps désolée, si long-temps dévastée ? Ah! ce nouveau Caton, qui tous les jours entrant au sénat, fera retentir les voûtes de ces terribles paroles, *Il faut que l'ennemi de Rome périsse,* verra sans doute ses vœux couronnés du plus heureux succès, et son nom glorieux passer à la postérité, accompagné de la reconnaissance et de l'admiration de ses concitoyens. Mais quelle est mon erreur ? quoi! ai-je pu penser qu'un seul orateur dans cette auguste assemblée, éprouverait ce noble élan de la vertu contre le crime ? ai-je pû vous faire cette offense, vous qui, riches du patrimoine ainsi que des vertus de vos pères, avez excité sans doute la haine et la cupidité du farouche tyran ? vous qui avez souffert ses atroces persécutions, si ce n'est sur vous-mêmes, du moins dans la personne de vos parents, de vos amis, de vos proches !

Non, non, vous sentez tous la nécessité d'abattre le tyran, et vous vous écriez tous d'un concert unanime: *Il faut que l'ennemi de Rome périsse.*

FIN.

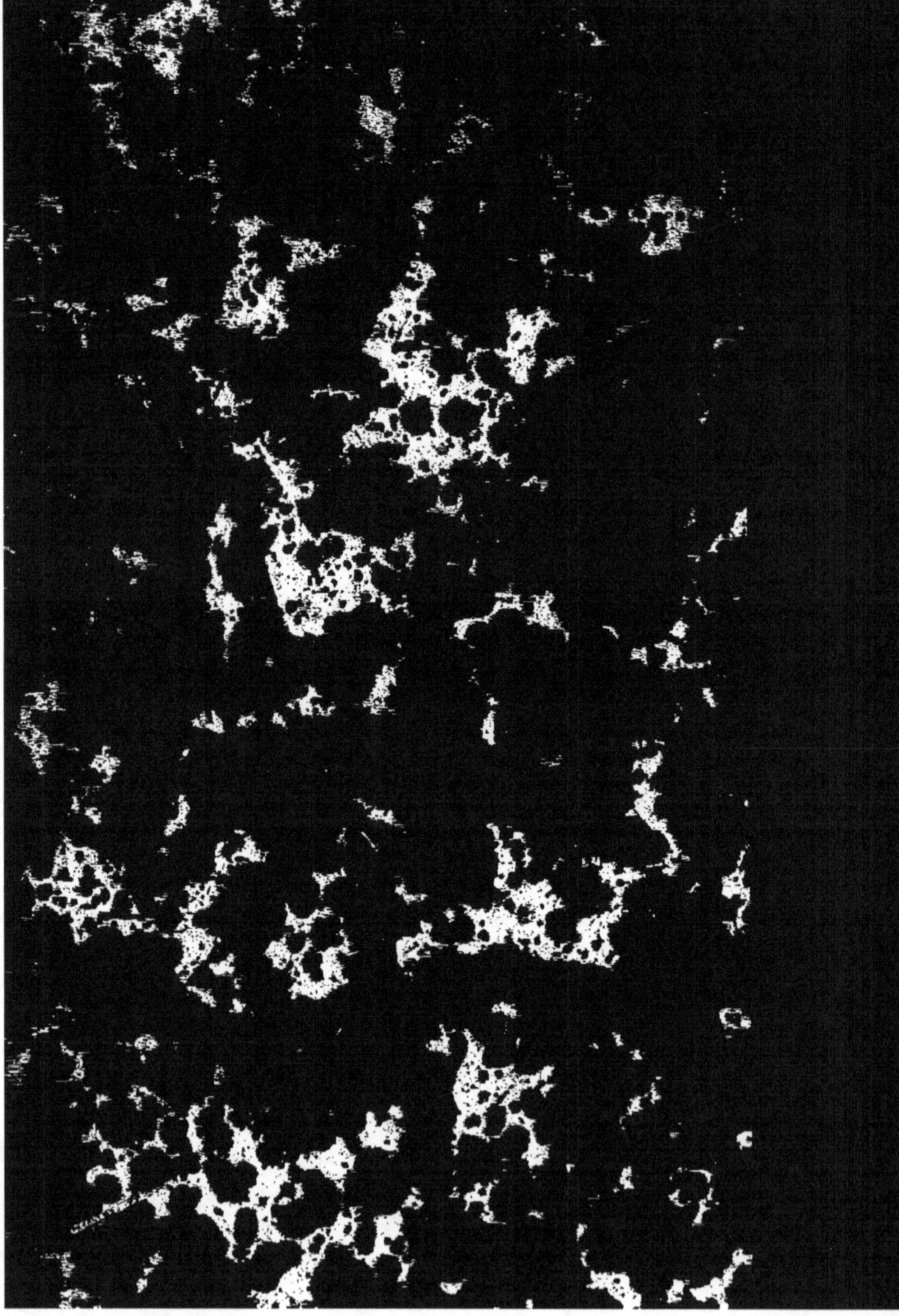